POURQUOI

NE PAS SE FAIRE AUTORISER

CE QUE NOUS SOMMES

PARIS

IMPRIMERIE BALITOUT, QUESTROY ET Cᵉ

7, rue Baillif, et rue de Valois, 18

POURQUOI

NE PAS

SE FAIRE AUTORISER

Par le R. P. MERCIER

DES F. F. PRÊCHEURS

Directeur de l'*Année dominicaine*

CE QUE NOUS SOMMES

Par le R. P. OLLIVIER

DES F. F. PRÊCHEURS

DEUXIÈME ÉDITION

PARIS

E. DENTU, LIBRAIRE-ÉDITEUR

PALAIS-ROYAL, 15-17-19, GALERIE D'ORLÉANS

—

1880

PREFACE

Au moment de la dispersion violente des Jésuites et à la veille sans doute de subir le même sort, alors que les décrets du 29 mars sont suspendus sur nos têtes comme une épée prête à frapper, nous jetons à la justice du Pays le suprême appel du condamné conscient de son droit et fort de son innocence.

Humbles fils du P. Lacordaire, nous abritons sous son nom et sous la haute autorité de sa parole la modestie de la nôtre, et nous répétons ce qu'il disait lui-même autrefois :

« Je ne me présente, en ce moment, ni à la tri-
» bune, ni à la barre d'une cour de justice. Je
» m'adresse à une autorité qui est *la reine du*
» *monde,* qui, de temps immémorial, prescrit des
» lois, ou en fait d'autres, de qui les chartes
» elles-mêmes dépendent, et dont les arrêts, mé-
» connus un jour, finissent tôt ou tard par s'exé-
» cuter. C'est à l'opinion publique que je de-
» mande protection, et je la demande contre elle-
» même, s'il est besoin. Car il y a en elle des
» ressources infinies, et sa puissance n'est si
» haute que parce qu'elle sait changer sans se
» vendre jamais. »

Où le père a passé passera bien l'enfant.

Paris, 10 juillet 1880.

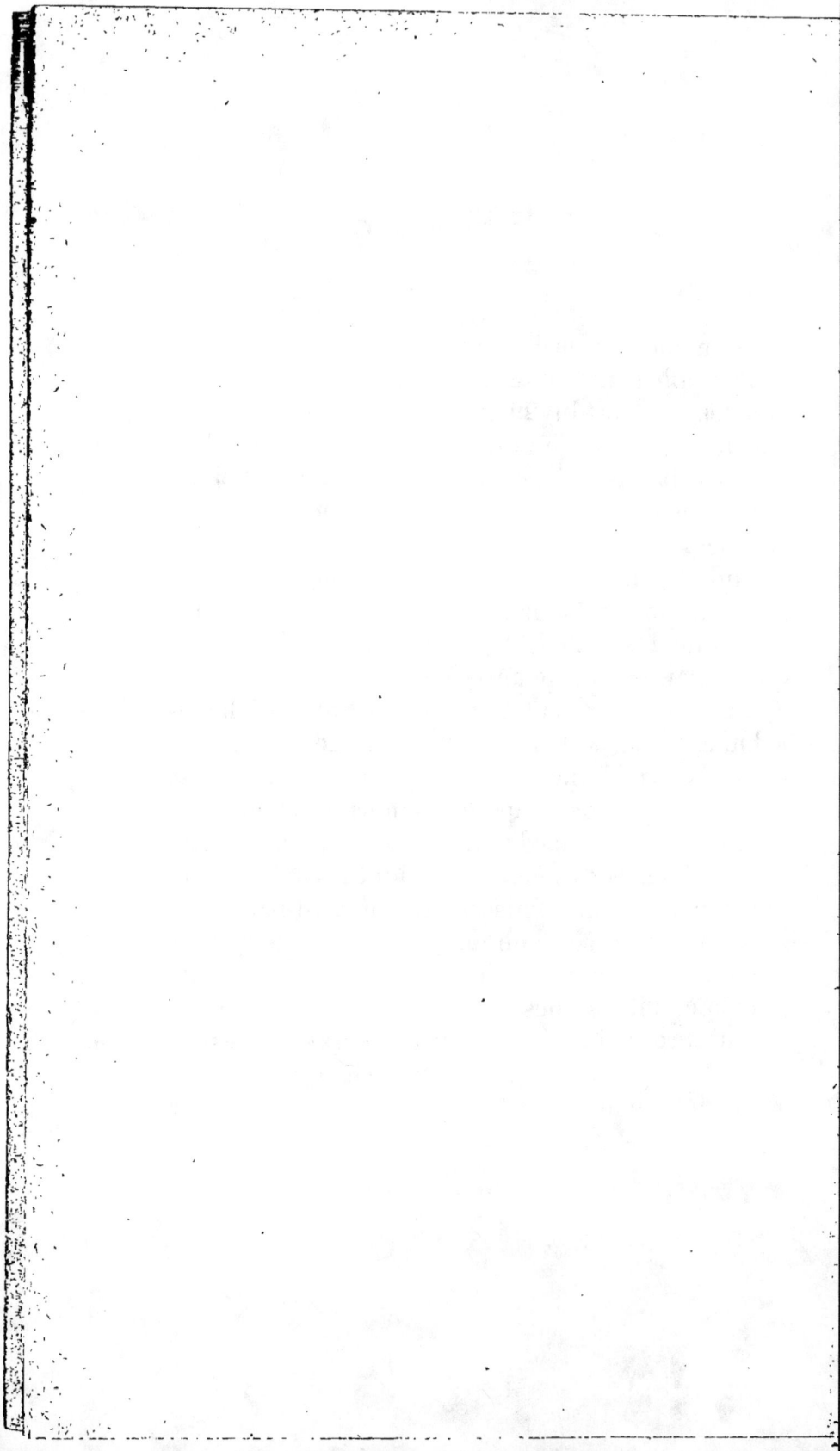

POURQUOI

NE PAS SE FAIRE AUTORISER

« Comment ne vous faites-vous pas reconnaître ? Pourquoi ne déposez-vous pas vos statuts ? » — C'est la question que nous adressent à chaque instant des amis qui s'intéressent à notre Œuvre et à sa destinée, et qui s'étonnent de notre abstention. Ils ne comprennent pas cette attitude, et volontiers ils la regardent comme une obstination insensée, même comme une opposition systématique faite à plaisir, comme un manque de déférence irrespectueux envers le gouvernement, comme une révolte coupable contre les lois qui nous régissent.

Nous ne pouvons laisser subsister de pareils soupçons, et nous croyons qu'il est opportun de mettre fin à un malentendu dont on profite pour exploiter contre nous l'opinion publique, et de prouver que nous ne sommes ni des entêtés, ni des rebelles, pas même peut-être des maladroits.

Nous avons nos raisons d'agir ainsi et nous les livrons franchement à nos amis comme à nos adversaires.

Nous ne déposons pas nos statuts, d'abord parce que nous ne voyons pas pourquoi on nous les demande.

En effet, la seule raison qui puisse motiver ce dépôt de nos statuts c'est la nécessité pour le Gouvernement de les connaître et de savoir par là qui nous sommes. Or, de bonne foi, cette présentation de nos statuts est-elle nécessaire à ce point de vue ? A qui fera-t-on croire que le Gouvernement en soit réduit là, et qu'il n'ait pas d'autre moyen de s'assurer que nos constitutions ne contiennent aucun élément dangereux pour la paix publique et pour le bien de l'Etat ? Comment supposer qu'il y ait, en France, une société, même secrète, qui puisse se dérober à l'œil vigilant de la police, à ce point que le Gouvernement, lorsqu'il veut savoir ce qui se passe chez elle, soit obligé de venir frapper à sa porte et de lui dire : « Permettez, qui êtes-vous ? Auriez-vous la bonté de nous le dire vous-mêmes et de nous montrer vos statuts ? » Ignore-t-on les nombreux moyens dont dispose la puissance publique et l'habileté qu'elle a de pénétrer partout où son intérêt l'oblige à regarder et à voir clair ? Ne sait-on pas qu'il n'y a point de *monita secreta* qui puissent lui échapper ?

A plus forte raison, lorsqu'il s'agit d'une société qui vit au grand jour, comme la nôtre, et dont les statuts courent le monde depuis six siècles. Nos statuts ! mais ils sont chez les libraires, mais ils sont dans nos bibliothèque publiques, mais ils sont dans les archives de nos ministères, et, au moment où le Gouvernement nous les demande, ils les a dans la main, il sait ce qu'ils renferment. Si nous allions les lui porter, il

n'aurait pas besoin de les parcourir pour nous dire :
« Je vous connais; je sais qui vous êtes. »

Hé bien ! puisqu'on nous connaît, puisqu'on sait qui
nous sommes, on sait que notre organisation, notre
but, nos moyens d'action n'ont rien qui puisse alar-
mer la conscience publique, on sait que nos constitutions sont un code admirable dans lequel Washington
puisait des leçons lorsqu'il méditait la constitution
des Etats-Unis d'Amérique, et plus d'un de nos légis-
lateurs pourrait encore apprendre là comment se tem-
pèrent, dans un jeu harmonieux, l'autorité qui ne
dégénère jamais en despotisme, et la liberté qui se
garde contre les excès de la licence. On sait que nos
lois imposent à ceux qui les acceptent volontairement,
une vie de prière, d'étude, de dévouement apostolique, et que les hommes qui suivent ce' genre de vie
sont les meilleurs soutiens d'un État, quelle que soit
d'ailleurs sa forme politique ; qu'ils ne sont pas des
hommes d'un parti, mais les hommes du bien public
dans son expression la plus élevée : la diffusion de la
vérité et l'exemple des plus saines vertus.

Nous n'avons donc pas besoin, pour nous faire connaître, de déposer nos statuts, car en fait ils sont
publics, le premier venu pourra les avoir entre les
mains lorsqu'il voudra s'en donner la peine, et nous
défions qui que ce soit de dire que nous avons une
organisation mystérieuse, que nous nous cachons
parce que nous avons peur de nous faire voir tels que
nous sommes. Non, nous n'en avons point peur, nous
ne fuyons point la lumière, nous n'avons rien à
cacher, notre vie et nos lois en font foi.

— « Mais, puisqu'il en est ainsi, pourquoi au
moins, nous dit-on, ne pas donner satisfaction au
Gouvernement? Pourquoi lui refuser cet acte de déférence qui ne devient qu'une simple formalité et qui
serait une preuve de votre bon vouloir? En gardant
cette attitude, vous vous posez en adversaires politiques, vous forcez le gouvernement à user d'une

rigueur qui est tout à fait contraire à ses intentions. »
— Sans doute nous sommes loin de prétendre refuser
à l'autorité civile la soumission respectueuse que lui
doivent tous les citoyens. « Nous n'entendons nulle-
« ment, a dit quelqu'un parlant au nom de toutes les
« congrégations religieuses (1), nous soustraire au
« juste contrôle de l'Etat sur toute association parti-
« culière qui s'établit dans son sein. Etrangers par
« goût et par devoir aux luttes ardentes de la poli-
« tique, nullement inféodés à une forme particulière
« de gouvernement, nous acceptons, comme l'Eglise,
« loyalement et sans arrière pensée, les institutions
« que notre pays se donne librement, et lorsque nous
« demandons une loi d'association, loin de fuir l'ingé-
« rence légitime de l'Etat dans la sphère de son
« action, nous l'appelons explicitement. »

Nous sommes donc les premiers à l'avouer très
haut, nous acceptons le contrôle de l'Etat, mais seulement dans la mesure où il s'exerce sur tout citoyen
et en tant que notre vie extérieure et publique tombe
sous le coup de la loi.

Or, comme tout citoyen qui n'a encouru aucune
condamnation infamante, nous jouissons de nos droits
civils et politiques et nous en subissons les charges;
nous allons voter et nous payons nos impôts; nous
avons même payé celui du sang versé volontairement
alors que rien ne nous y obligeait; le fisc connaît
parfaitement nos personnes et nos biens, lorsqu'il
s'agit d'impôts directs ou indirects, de cotes person-
nelles, mobilières ou immobilières, et de transactions
commerciales; la Ville de Paris nous trouvait suffisamment connus lorsqu'elle nous vendait cette cha-
pelle et ce collége de Dormans-Beauvais qui sont
devenus notre couvent de Saint-Jacques.

Bref, nous partageons les charges communes à tous
les citoyens et nous ne demandons pas à en être

(1) Mémoire pour la défense des congrégations non autorisées.

exonérés; nous serons toujours pleins de déférence à l'endroit de cette légalité et de ceux qui la représentent. Mais nous ne nous croyons pas obligés à montrer de la déférence envers des mesures qui nous frappent d'exception et établissent, à notre détriment, une catégorie à part de citoyens, une caste, non pas privilégiée, mais privée du droit accordé à tout autre citoyen d'exister et de vivre de la vie intime qui lui convient, selon ses goûts et sa conscience, sans que l'intérêt d'autrui en soit lésé. Tant qu'il n'est pas prouvé qu'un religieux a commis un acte, crime ou délit, répréhensible en tout autre citoyen, le pouvoir civil n'a rien à faire avec lui et n'a pas à lui demander de connaître ou de reconnaître sa vie intime et privée. Il me plaît à moi, de m'adjoindre des amis, des hommes qui partagent ma foi et mes goûts, d'habiter en commun avec eux et de vivre ainsi sous le même toit, unis dans la bonne et la mauvaise fortune; qui peut m'en empêcher, puisque c'est permis à tout citoyen, et que l'association *dans la cohabitation* n'est pas limitée par la loi?

Il me plaît de porter un habit uniforme, blanc ou noir, — qu'il soit bizarre aux yeux des autres, c'est possible, mais je l'aime; — qui peut m'empêcher de le porter chez moi, comme chacun y porte sa robe de chambre, et même de sortir ainsi au dehors, au risque de passer pour un excentrique, ce dont je fais mon affaire? Où est la loi qui règle pour les citoyens la forme et la couleur de leurs vêtements et leur interdit même les excentricités?

Voilà cependant les seuls actes extérieurs par lesquels je me distingue des autres, et puisqu'ils sont permis à tout citoyen, pourquoi auraient-ils chez moi besoin d'une autorisation spéciale, et est-ce vraiment manquer de déférence envers l'autorité civile que de nous refuser à ce qu'on n'exige pas des autres citoyens?

Il est vrai que nous sommes des religieux! mais

l'acte par lequel nous sommes religieux est un acte de conscience qui ne tombe pas sous la loi civile : nous sommes religieux par un vœu, et je puis faire un vœu, dix vœux, cinquante vœux, les faire aujourd'hui, les défaire demain, sans que la loi civile ait rien à y voir ; cela ne la regarde pas, c'est affaire entre Dieu et ma conscience, mais non entre le gouvernement et moi. Le vœu que je puis faire ne change en rien mes conditions civiques ni mes droits légaux, et au point de vue de la légalité, qui ne gouverne que les actes extérieurs, je suis et je demeure simple citoyen, uniquement soumis à la loi commune, n'ayant pas à lui demander son autorisation pour émettre mon vœu, n'ayant pas à craindre sa répression, si je l'enfreins, et ne lui devant aucune déférence que celle qui lui est due par tous.

Concluons donc encore une fois que nous avons raison de ne pas déposer nos statuts qui sont d'ailleurs suffisamment connus ; que, comme citoyens, nos actes extérieurs et civils relèvent de la loi commune à laquelle nous témoignons la soumission obligatoire pour tous ; et que, comme religieux, nos actes privés sont d'un ordre et d'un domaine qui échappe à la loi civile, laquelle n'a pas à en connaître pour les autoriser, les réglementer ou les défendre.

II

Comme on le voit par ce qui précède, nous nous plaçons sur le terrain de la liberté et du droit commun, et c'est à ce titre de citoyens libres que nous revendiquons le droit de ne solliciter aucune autorisation, jusqu'à ce que « la loi ait déclaré, comme le disait le P. Lacordaire, qu'un citoyen français n'est apte à loger avec un autre citoyen français que sous le bon plaisir du roi — (mettons du président de la République) — et des chambres. » — « En quoi consisteraient, dit encore le P. Lacordaire, le droit et la liberté, s'il n'est pas permis à des citoyens d'habiter une même maison, de s'y lever et de s'y coucher à la même heure, de manger à la même table et de porter le même vêtement? Que deviennent la liberté du domicile, la liberté individuelle, si l'on peut chasser de chez eux des citoyens parce qu'ils y accomplissent en commun les actes de la vie domestique?» — Nous ne faisons que reprendre l'argument du P. Lacordaire pour nous défendre, et on conviendra que nous pourrions plus mal choisir.

— « Tout cela est très-bien, nous dira-t-on, et vous auriez raison si les congrégations religieuses vivaient sous la loi du droit commun; mais il y a justement contre elles des *lois existantes,* des lois que le gouvernement peut appliquer : si vous ne voulez pas les accepter, vous êtes des rebelles. »

Les lois existantes! voilà la grosse affaire : parlons-en.

Au temps où le P. Lacordaire ouvrait la porte de son pays, au nom de la liberté, à notre habit dominicain et à celui de toutes les autres congrégations venues à sa suite, il disait : « On a dit que les communautés religieuses étaient interdites en France par les lois, *plusieurs l'ont nié,* d'autres ont soutenu que ces lois, supposé qu'elles existent, avaient été *abrogées par la Charte.* » Nous pouvons ajouter qu'elles ont encore été abrogées depuis par la Constitution de 1848 qui consacre la liberté de conscience et la liberté d'association, sans aucune distinction de genre ou d'espèce, et par la loi de 1850, en ce qui regarde l'enseignement. Du reste, actuellement encore, un éminent jurisconsulte, M. Rousse, ne vient-il pas de publier une consultation que d'éminents magistrats regardent comme un chef-d'œuvre, dans laquelle il établit en première ligne cette conclusion :

Qu'aucune loi actuellement en vigueur ne prohibe la vie en commun des personnes appartenant à des associations religieuses.

Nous n'entrerons pas dans toutes les discussions de droit qui motivent cette conclusion ; nous renvoyons à la consultation du célèbre avocat ceux qui désirent les connaître. Laissant de côté le point de vue juridique, nous nous bornons à l'appréciation pratique des faits qui sont en opposition avec les lois existantes et avec l'interprétation qu'on veut leur donner ; car il y a quelque chose de plus fort que la légalité, c'est le droit ; et il y a quelque chose de plus fort que les lois existantes, ce sont les principes, les mœurs et les faits.

En réalité, le droit vrai, le droit pratiqué en notre siècle, a tué cette vieille légalité née dans le sang, un jour de terreur, et ranimée en vain par un César omnipotent, en un jour de colère ; les mœurs, les faits, la connivence consciente du pouvoir ont tué ces lois *qui ont existé*, mais qui ne sont *plus existantes*. Elles sont *mortes*, parce qu'elles étaient animées du souffle stérile de l'absolutisme et non du souffle vivifiant de Dieu et de la liberté. Elles sont *mortes*, parce qu'elles ne pouvaient point prendre racine sur ce sol français qui refuse la sève de la vie et de la durée à tout ce qui est injustice et tyrannie. Et ce qui nous étonne le plus, c'est que ces lois *mortes*, laissées dans l'oubli pendant des générations, comme une tombe qui n'est marquée d'aucun signe d'honneur, on ait été les chercher dans la fosse d'où elles ne devaient plus sortir pour galvaniser leur cadavre et en faire un spectre dont on menace la liberté religieuse ; et cela dans un pays qui compte 35 millions de catholiques ; et cela sous un gouvernement qui a la prétention de rallier tous les esprits et d'inaugurer un régime libéral ; cela enfin sous un gouvernement qui s'appelle République, c'est-à-dire le droit de tous, alors que les gouvernements monarchiques, qu'on qualifie d'absolus, avaient enseveli de leurs propres mains ces lois décrépites dès leur naissance et incapables de vivre! Singulière contradiction des théories et de la pratique, des principes et de la conduite des hommes!

Oui, elles sont mortes.

En effet, si elles étaient vivantes, si elles étaient applicables, si elles avaient force de loi, comment se fait-il que tous les gouvernements de ce siècle aient vu se fonder et se propager plus de cinquante congrégations diverses, réparties dans des centaines d'établissements, comprenant plus de vingt mille sujets, sans qu'on ait jamais songé à évoquer contre elles les prétendues *lois existantes*, ou du moins sans qu'on ait jamais cru possible et pratique de les leur appliquer? Faut-il croire que tant de fois et si longtemps le gouvernement ait pu voir la loi violée d'un œil indifférent? Faut-il dire que sciemment il s'est rendu coupable de complicité en face de ces violations qu'i aurait eu le devoir d'empêcher?

N'est-il pas plus juste de dtre qu'en laissant faire ces créations, les gouvernements les ont rendues légitimes; qu'en les laissant exister, ils leur ont reconnu le droit de vivre; qu'en permettant leur multiplication, ils ont confirmé ce droit; qu'en faisant taire les lois, ils ont avoué que, par la force du temps, des choses et de la coutume, elles ne pouvaient plus élever la voix, elles ne pouvaient plus agir, et que partant elles étaient mortes et bien mortes!

— « C'est de la pure tolérance, nous dira-t-on, et la tolérance n'abroge jamais la loi, et il n'en reste pas moins que les congrégations sont toujours demeurées soumises à la loi de l'autorisation. »

— Bien. Mais nous disons, nous, que quand cette tolérance est conforme aux nouveaux principes admis dans une société, quand elle s'abrite sous des lois en vigueur, quand elle acquiert un certain caractère de durée et d'universalité, elle constitue, par le fait même, et du seul consentement tacite du pouvoir, un droit réel, certain et établi, qu'on ne peut violer sans blesser la justice et bouleverser des intérêts respectables. Par cela seul que les gouvernements ont accepté la coexistence publique, avouée, d'aussi nombreuses congrégations non autorisées, à côté du petit nombre si restreint des congrégations autorisées, ces gouvernements ne reconnaissent-ils point manifestement que les unes et les autres ont le même droit à l'existence, avec la seule différence qui résulte du fait légal de l'autorisation?

C'est-à-dire qu'en fait les lois relatives à l'autorisation ont toujours été interprétées dans ce sens que les seules congrégations autorisées jouissent de certains priviléges légaux, revêtent aux yeux de l'Etat la personnalité civile et peuvent agir légalement comme corps social.

L'autorisation devient alors un privilége que l'Etat peut accorder ou refuser à ceux qui le demandent, mais dont la privation ne constitue pas une illégalité. Libre à vous, gouvernement, d'admettre qui vous plaît à la participation de ce privilége, mais la société qui n'en jouira pas ne peut pas être, pour cette seule raison, considérée comme illégale et contraire aux lois du pays. Et cela est tellement vrai que si l'on considérait comme *existantes* ces fameuses lois de 1790 ou de 1792, par exemple. qui proscrivaient absolument, et dans le sens où M. Jules Ferry le prétendait naguère à la tribune du Sénat, l'existence des congrégations religieuses, il s'en suivrait que les autorisations accordées depuis par le Gouvernement seraient de nulle valeur, et que les décrets qui en ont concédé, s'ils n'abrogent par le fait les anciennes lois de prohibition absolue, seraient des décrets absurdes, créant une antinomie dans nos codes. En sorte que de deux choses l'une : ou le Gouvernement a pu accorder des autorisations, et alors il n'y a point de loi qui interdise absolument l'existence des congrégations religieuses, ou leur existence est absolument interdite par les lois prétendues *existantes*, et alors le Gouvernement lui-même ne peut faire les avances d'une autorisation sans se mettre en flagrant délit de contradiction.

Donc les lois *existantes* qu'on regarde comme prohibant absolument les congrégations et qu'on invoque contre nous, ne sont plus admises, elles n'ont plus de vigueur, elles sont tombées en désuétude, c'est-à-dire dans la mort.

Donc l'autorisation devient purement et simplement, si on l'interprète d'après les faits, une condition libre, une manière d'être spéciale, selon laquelle se constitue toute congrégation, ou en dehors de laquelle elle se tient. L'autorisation devient un contrat passé entre un ordre religieux et l'Etat, contrat qui confère à l'un et à l'autre des droits et des devoirs réciproques, mais, comme tout contrat, il reste libre, personne ne peut obliger l'Etat ou la congrégation à en accepter les charges, celui-là peut à son gré refuser le privilége, celle-là s'en passer.

Jusqu'ici nous avons pensé qu'il valait mieux nous dispenser de cette faveur et rester dans le droit commun; nous n'avons pas voulu du privilége afin d'éviter les servitudes inhérentes à cet état de choses; est-ce un crime et sommes-nous des rebelles si, au lieu d'accepter la tutelle, le servage de l'autorisation, nous préférons garder notre indépendance d'hommes libres? Où est le républicain sincère qui oserait nous mésestimer pour cette abstention et nous la reprocher?

Nous avons prononcé le mot de *servage* d'autorisation, cela soit dit sans allusion blessante pour toute congrégation autorisée, nul mieux qu'elle ne peut comprendre la justesse de l'expression; mais, en vérité, il nous est difficile de ne pas nous souvenir ici de la fable du bon La Fontaine, et de ne point préférer notre maigre et pauvre liberté au riche collier des priviléges légaux.

Finalement, nous ne croyons pas être tenus de nous

soumettre à ces vieilles lois douteuses, surannées, abrogées par le temps, par les mœurs et par les principes de notre société moderne, et puisque l'autorisation constitue un privilége, nous sommes libres de ne pas la solliciter, de ne pas l'accepter et de dire : pour le moment, nous n'en voulons pas.

Il y a là, non pas un acte de rébellion, mais un acte de liberté; nous avons le droit de ne pas vouloir, comme nous aurions, dans tout autre circonstance, le droit de désirer, de vouloir et de demander.

III

Allons plus loin. Soyons, nous ne dirons pas bons princes, mais bons et féaux sujets, et admettons que cette autorisation, le Gouvernement ait le droit d'en faire la condition *sine qua non* de l'existence des ordres religieux.

Admettons que se trouvant en face du progrès continu des congrégations, voyant des intérêts temporels, matériels, qui sont de son ressort, sérieusement engagés par ce développement, le Gouvernement veuille intervenir pour les réglementer, prévenir des abus possibles et prendre des garanties qui sauvegardent le bien public en même temps que le bien particulier de ces sociétés elles-mêmes, comme il le fait, en ce qui le concerne, dans l'association fondamentale du mariage, ou dans une foule d'autres associations civiles, financières, commerciales ou industrielles.

Rien de mieux; et en ce cas la question vaut la peine d'être mise à l'étude, examinée, discutée; elle se traite pacifiquement, d'accord avec les pouvoirs intéressés; elle est l'objet d'une espèce de législation concordataire, ou bien elle rentre dans la matière d'une loi générale sur l'association, loi qui est demandée par tous.

Alors nous croyons qu'il n'y a pas une seule congrégation qui se montre réfractaire à des droits légitimes et ainsi réclamés ; aucune ne refuserait de se soumettre à une loi sage, équitable, libérale et aussi respectueuse de la conscience des croyants et des droits du citoyen que de l'autorité de l'État s'exerçant dans son domaine.

Allons encore plus loin.

Nous supposons qu'une congrégation établie sur ces bases, ou dans les conditions actuelles, s'écarte de son but exclusivement religieux, qu'elle prenne le rôle et l'importance d'un parti politique, que, par des actes positifs et répréhensibles, elle devienne dangereuse pour la morale ou l'intérêt public, ou menaçante pour l'État lui-même. Nous supposons qu'il y ait des Templiers quelconques en plein dix-neuvième siècle ! Eh bien, alors, il y a des lois, il y a des juges, il y a des tribunaux ; c'est aux procureurs de la République qu'il appartient d'intervenir ; on n'a qu'à traduire les coupables, hommes ou société, devant les tribunaux, constater et prouver les faits et appliquer les peines. On fait le procès des Templiers, mais on ne les condamne pas sans les entendre.

Nous ne ménageons pas, on le voit, les concessions à l'autorité législative ou judiciaire de l'État.

Mais est-ce ainsi que les choses se sont passées, et sont-ce bien là les procédés sages, modérés, réguliers que l'on a observés dans le cas présent ? A-t-on tenu compte de l'ordre de choses établi, des droits acquis par le temps, des égards que l'on doit à tous les prévenus ? Et, quand on est venu nous proposer de nous faire reconnaître, de nous faire autoriser, nous a-t-on fait des conditions acceptables ? Non, certes non, et les conditions étaient telles qu'il nous est devenu absolument impossible de répondre aux désirs sincères, nous voulons le croire, mais malhabilement formulés

— qu'on nous passe le mot — du gouvernement, et de demander ou d'obtenir l'autorisation.

En effet, les décrets du 29 mars, car, enfin, il faut bien appeler les choses par leur nom, au lieu d'avoir les caractères d'une mesure sage, réfléchie, tempérée, d'une loi libérale, comme devrait l'être toute loi républicaine et attentive au bien de tous, apparaissent tout à coup, à la grande stupeur de tous les catholiques, comme une déclaration de guerre, comme un cri de revanche, au lendemain de la défaite subie par les entreprises audacieuses et intempestives d'un ministre condamné par ceux mêmes qui regrettent d'avoir la fonction de le soutenir, aussi bien que par l'opinion publique qui, cette fois, triomphe de la pression par trop révoltante d'un parti. Ce n'est point médire ni calomnier que d'apprécier ainsi les personnes et les faits, et tout le monde nous rendra cette justice que, si nous parlons librement, nous parlons sans fiel et selon la vérité de l'histoire. C'est l'article 7 vaincu qui s'est armé des foudres de Jupiter et qui a fulminé les décrets ; et quelle que soit l'honnêteté et la bonne foi de celui qui s'est cru obligé de les rédiger et de les signer, ils ne nous apparaissent pas avec cette expression de calme, de maturité et d'impartialité de la loi qui impose le respect et facilite l'obéissance, ils ne sont pas pour nous la grande voix maternelle de la Patrie qui fait appel au dévouement de ses enfants ; et les clameurs qui les applaudissent ressemblent trop à certains cris de la révolution athée que nos Pères ont entendus, pour que nous ne les regardions pas, dès leur origine, d'un œil défiant et soupçonneux.

Mais laissons de côté leur origine politique ; prenons-les de bonne foi comme on a voulu nous les donner, et plaçons-nous en face du texte sans commentaire.

Hé bien, pris dans leur simple teneur et dans leur sens littéral, ces décrets nous mettent dans l'impossibilité absolue de demander et d'obtenir l'autorisation.

Cela paraît étrange, que ces décrets qui nous obligent à demander l'autorisation nous mettent en même temps dans l'impossibilité de l'obtenir. Cependant c'est ainsi.

Pour ne parler qu'en passant d'une des conditions générales qui nous sont faites, celle qui nous oblige à soumettre aux Chambres la discussion de nos statuts, nous nous contenterons seulement de signaler ce que le procédé a d'étrange et d'impossible pratiquement. S'imagine-t-on des hommes parfaitement entendus, nous le voulons bien, en affaires de politique, de commerce, d'art, d'industrie, etc., appelés à discuter publiquement les détails d'une règle qui a pour objet principal la vie intime et les relations d'hommes liés entre eux par des vœux de pauvreté, de chasteté et d'obéissance? Quelle est la compétence d'hommes, tels que ceux que nous pourrions nommer, pour se prononcer sur ces choses éminemment religieuses auxquelles, « sauf leur respect, » ils n'entendent pas le premier mot? Et en dehors des lignes principales, que nous appellerons les grandes lignes fondamentales de toute société, et qui pourraient, nous le répétons, leur fournir un modèle de constitution libérale, qu'auraient-ils à comprendre et à juger en pareille matière? Si l'on voulait être pratique, ne devait-on pas s'abstenir d'exiger une loi avec les discussions préliminaires qu'elle suppose, et s'en rapporter à un simple décret du gouvernement, qui peut confier l'examen de ces choses à quelques hommes spéciaux et aptes à se prononcer, en pleine connaissance de cause, sans toute cette publicité dérisoire?

Cette seule condition légale imposée à l'autorisation des congrégations d'hommes est donc, à simple vue, un premier obstacle dressé comme à plaisir devant toute demande d'autorisation. Nous ne pouvons admettre des conditions si étranges et si dures

Il y a une autre condition particulière qui nous est préalablement posée : c'est que nous n'ayons pas de supérieur à l'étranger.

Or nous, Dominicains — et vingt autres ordres et congrégations sont dans le même cas, — nous qui avons, de temps immémorial, notre supérieur général à Rome, nous voilà donc exclus *ipso facto* du nombre des élus admis à participer au privilége de l'autorisation. Nous avons notre Général à Rome, nous ne pouvons pas le nier et nous ne voulons point nous en cacher.

Pourquoi nous mettre hors la loi par cette condition qu'on sait être inacceptable, étant donnée l'organisation catholique, c'est-à-dire universelle, d'un ordre religieux qui s'étend en dehors des limites restreintes d'un pays, pour répandre partout la fécondité de son apostolat, sans distinction de lieux, de races, de climat ?

— C'est que vous n'êtes plus, nous dit-on, un clergé national. — Mais autant vaudrait condamner le commerce à se renfermer dans les limites du territoire et le priver de la liberté de l'exportation sous peine de n'être plus national, la finance à n'avoir à l'étranger ni maisons de banque ni comptoirs, pour le même motif. Or, si l'on estime que la richesse d'un pays, que la solidité de sa situation financière sont en raison directe de son exportation et du nombre de ses établissements à l'étranger, ne doit-on pas estimer que cette autre richesse qui résulte de l'influence des idées scientifiques, morales et religieuses, se mesure également à leur étendue et à leur universalité. Moins une société quelconque met de limites à son action, moins elle se laisse arrêter par les barrières des fleuves, des montagues, des mers, des nationalités, plus elle accuse sa vitalité, sa force, sa fécondité matérielle, morale ou intellectuelle. Et c'est l'honneur des ordres religieux de prétendre à cette universalité. Si le centre de leur unité, car il

faut un centre à toute force expansive, est à Rome,
c'est que là est le centre de la catholicité, et l'on ne
peut pas plus faire un reproche à un ordre religieux
d'avoir son chef à Rome, qu'on ne peut reprocher à un
catholique d'avoir là aussi son chef spirituel, le Pape.
Il est vrai qu'on en a fait un grief aux catholiques et
qu'on les a appelés les serviteurs d'un prince étranger,
mais on n'a pas oublié la fière réponse que Lacordaire
fit un jour à cette accusation, en plein tribunal, aux
applaudissements du public : « Nous sommes les serviteurs de quelqu'un qui n'est étranger nulle part :
Dieu ! »

Du reste, tout en plaçant à Rome, pour le bien de
l'unité, le centre commun de leurs relations et de leur
force catholique, les ordres religieux, dans les indivi-
dualités ou dans les nationalités diverses qui les composent, n'ont cependant pas renié leur patrie, et nous
croyons pouvoir dire que ce n'est pas à nous, Dominicains français, que l'on serait en droit de faire ce reproche.

A peine Lacordaire avait-il pris le temps de former
sa petite troupe de néophytes et de lui donner, avec
l'habit dominicain, les anciennes traditions religieuses, c'est en France qu'il la ramenait, comme
un vaillant capitaine qui met ses jeunes soldats
avant tout au service de son pays. Et jusqu'à ce
jour les fils ont marché sur les traces de leur Père ;
ils ont prêché, enseigné, dépensé leurs forces et
leur vie dans leur pays, et s'ils ont porté ailleurs
leur dévouement, c'est pour faire connaître et bé-
nir, sur les terres lointaines de l'Orient ou du Nou-
veau-Monde, le nom de la France en même temps que
celui du Christ et de l'Eglise ; ils ne se sont jamais
montré les enfants ingrats et dénaturés de la Mère-
Patrie, ils ont été partout fiers de son drapeau, ils ont
vécu de sa vie, ils ont tressailli de toutes ses joies et
de toutes ses douleurs, toujours catholiques, mais
jamais déserteurs.

Le Gouvernement lui-même a fait l'expérience du sentiment national des religieux, il en a compris la valeur et il lui rend un éclatant hommage, en confessant le besoin qu'il a de nos religieux-missionnaires pour soutenir au dehors l'honneur et les intérêts du pays.

Pourquoi donc, alors, nous regarder comme suspects, à cause d'un principe qui constitue la base solide de notre organisation universelle et en augmente la puissance rayonnante sans diminuer en nous le sentiment national?

Pourquoi nous l'opposer, lorsqu'il s'agit de nous faire agréer légalement comme serviteurs de notre pays, et nous mettre ainsi dans l'impossibilité de demander l'autorisation?

Enfin, une troisième condition préalable que nous font encore les décrets, c'est d'être complètement sous la juridiction des évêques.

Eh bien, nous n'y sommes pas complètement, nous grands ordres religieux, exempts par les lois canoniques et nos usages séculaires. Nous ne pouvons pas changer notre législation, modifier nos coutumes, briser nos traditions, cesser d'être nous-mêmes, pour complaire à un décret.

Et, d'ailleurs, si quelqu'un avait à se plaindre de cet état de choses et à réclamer contre ces exemptions canoniques, qui sont du ressort ecclésiastique et non du ressort civil, ne serait-ce pas les Evêques?

Or, quelle est l'opinion des évêques? Ne les a-t-on pas vu se lever en masse et d'une voix éloquente prendre la défense de tous ces ordres religieux, de toutes ces congrégations, qu'on prétendait être au sein du clergé séculier un élément hétérogène, un ferment de discorde, des troupes indisciplinées? Est-ce que la voix des prêtres ne s'est point mêlée à celle des évêques, pour affirmer, avec la même conviction, la concorde et l'harmonie des efforts qui unissent les membres des deux ordres séculiers et réguliers, sous la juridiction des Pasteurs et celle des Supérieurs des Congrégations?

Si nous ne sommes pas complètement sous la juridiction des évêques, nous y sommes suffisamment pour que leur autorité soit respectée dans sa sphère, et leurs droits sont assez garantis pour qu'ils n'aient rien à redouter. Aucun religieux ne peut excercer de ministère sacerdotal extérieur sans l'autorisation de l'Ordinaire. A l'intérieur du cloître, dans sa vie de cellule et de couvent, le religieux ne dépend que de son supérieur, mais dès qu'il en sort, il tombe, dans tout l'exercice de son ministère, sous la juridiction épiscopale.

Puisque les Evêques eux-mêmes se trouvent satisfaits de la part qui leur est faite, est-ce au pouvoir civil de demander davantage et de se montrer plus exigeant; et par le fait même qu'on nous pose cette condition, ne nous met-on pas dans l'impossibilité de nous y conformer?

Nous savons que depuis on s'est aperçu de la rigueur et de la contradiction de ces conditions préalables, on les eût volontiers adoucies, on se serait montré coulant, on eût simplifié les formalités, mais les décrets n'en étaient pas moins là, embarrassants par leurs termes explicites et formels; le coup était porté, il n'était plus temps.

Il est donc clair que la teneur même des décrets nous a rendu impossible toute demande d'autorisation.

Mais ce n'est pas tout. L'autorisation nous a été encore rendue impossible, moralement, par d'autres considérations qui nous ont imposé cette réserve que l'on paraît ne pas comprendre et nous ont obligé à prononcer ce « *non possumus* » dans lequel on veut voir un acte d'insoumission.

Une coïncidence malheureuse a voulu que les décrets fussent conçus sous une double pensée de tolérance et d'exclusion, et que, constituant une mesure compliquée d'approbation et de réprobation, ils trahissent une inspiration à laquelle il devenait moralement impossible aux religieux de s'associer.

En s'adressant à la généralité des congrégations religieuses et en leur proposant ll'autorisation, ils frappaient de condamnation par un *a priori* restrictif, un des corps religieux les plus importants et semblaient forcément, en faisant aux autres des avances, les inviter à accepter une apparence odieuse de complicité avec la double pensée qui avait présidé aux décrets.

Qu'on dise ce que l'on voudra, il est certain que le jugement porté par l'opinion publique catholique sur ces décrets eût mis au ban de cette même opinion toute congrégation qui eût fait un pas pour demander l'autorisation ; cette congrégation, bon gré, mal gré, eût paru, par son adhésion, sanctionner implicitement les décrets dans toute leur étendue et leur portée, surtout dans leur restriction.

Telle a été, à quelque cause qu'on puisse l'attribuer en dehors, la situation créée aux congrégations religieuses, vis-à-vis des décrets, par l'opinion publique.

Elle tient, selon toute évidence, à cette complication impolitique et imprévoyante que nous avons signalée. C'est là qu'est la cause de la crise occasionnée par les décrets et de l'agitation soulevée autour d'eux, là qu'est leur vice originel, là qu'est tout le mal.

Ah ! toute autre eût été sans doute l'attitude des ordres religieux, si, traitant les congrégations religieuse, avant tout exament et sans présompticn défavorable pour aucune, sur le même pied d'égalité, le gouvernement les eût invitées toutes impartialement à lui présenter leurs titres à l'autorisation. Il fallait les demander à tout le monde ou à personne.

Au lieu de cela on proteste qu'on ne veut atteindre que celui-là, et cependant on tire sur tous, on les trouble tous dans la jouissance pacifique de leur liberté et de leurs droits ; faut-il ensuite s'étonner qu'ils fassent tous cause commune, qu'ils se liguent pour se défendrent et qu'ils contractent les liens de la solidarité, qu'on trouve enfin une armée compacte là où l'on avait espéré ne rencontrer que des troupes divisées.

On incrimine cette solidarité, nous le savons ; mais il y a des solidarités qui s'imposent par la force des choses, et celle-là n'est-elle pas toute légitime, toute grande, toute d'honneur et générosité ; et combien d'autres ne pourraient en dire autant?

On nous a répété sur tous les tons : « Pourquoi vous inféodez-vous aux vaincus et ne séparez-vous pas votre cause de la leur? Si les rôles étaient changés, ils ne commettraient pas cette faute, car c'en est une; vous vous compromettez inutilement, vous ne sauverez rien ; le *sint ut sunt aut non sint* ne réussit pas toujours, et parce que la maison du voisin brûle, ce n'est pas une raison pour que vous mettiez, par commisération et sympathie, le feu à la vôtre, etc. »

On en a dit encore bien d'autres !...

Nous ne nous inféodons à personne ; ce n'est pas tels hommes, tel esprit, tel parti que nous voyons, c'est avant tout les principes, et nous défendons une cause, celle de la liberté religieuse que nous désirons voir triompher partout. Un religieux disait dernièrement à un ministre : « Je ne suis pas jésuite et cependant je ne comprends pas que vous, républicain, vous agissiez ainsi avec eux ; vous devez à tous la même liberté. S'ils en abusent et sont coupables, jugez-les; s'ils sont rivaux, rivalisez et faites mieux. » Nous pensons comme ce religieux, et nous croyons en cela pratiquer un libéralisme inattaquable. Si la solidarité religieuse, dont nous affrontons les conséquences, est un mauvais calcul au point de vue des avantages immédiats, elle n'en restera pas moins, aux yeux de tous, un acte généreux, chevaleresque, désintéressé,

c'est-à-dire un acte éminemment français et par consé-
quent un titre d'honneur.

Et, en dernière analyse, aurons-nous été aussi im-
politiques et maladroits qu'on le suppose ? Quand on
considère certains symptômes alarmants, on a lieu
d'en douter. Qui peut nous garantir que si nous avions
demandé l'autorisation nous l'aurions obtenue ? —
La sincérité du gouvernement, nous dira-t-on. — Certes nous ne la soupçonnons pas ; nous avons même
les meilleures raisons pour y croire. Mais le gouvernement, avec toute sa sincérité, fait-il tout ce qu'il veut
et rien que ce qu'il veut ? N'obéit-il pas à une majorité
qu'il ne gouverne point, et le jour où le ministère
aurait voulu faire accepter aux Chambres l'approbation de nos lois, ne s'exposait-il pas à s'entendre dire :
« Ils ne sont pas dans les conditions visées par les
décrets ; ils ont leur général à Rome ; ils ne dépendent pas complètement des évêques ; nous n'en voulons pas ! » Nous serions donc alors véritablement
dupes de nos démarches et de nos frais de bonne
volonté. Car, encore une fois, il ne faut pas se faire
illusion et il suffit d'avoir des yeux et des oreilles pour
voir ce qui se passe et entendre ce qui se dit : tout
cela n'a rien de bien rassurant. Aurait-il tort celui
qui nous dirait : Défiez-vous, il y a des signes avant-
coureurs qui m'effraient : j'ai entendu les Madier de
Montjau parler à la Chambre, j'ai assisté à certaines
réunions, j'ai suivi les journaux, j'ai vu confondre
sous le nom de *cléricalisme* tout ce qui est religieux ;
il y a une marée montante à laquelle aucun ministère ne peut opposer une digue, ils sont tous engloutis
par le flot irrésistible ; M. Jules Ferry lui-même, le
héros d'hier, peut se voir aujourd'hui regardé comme
suspect et traité en ennemi (1). N'est-ce pas Ugolin

(1) Le *Mot d'Ordre* du 17 juin appelle M. Jules Ferry « l'avocat de troisième catégorie dont un détestable calembour, ser-
vant de titre à la plus plate des brochures, a commencé la fortune politique, l'inepte administrateur qui a affamé Paris, le

qui dévore ses enfants ? Alors, gare aux autres! Après l'article 7, après les décrets, qui sait? la suppression du budget des cultes ; après la suppression du budget, la séparation de l'Eglise et de l'Etat ; puis après!!!... La marche logique et rapide des faits et leurs tendances permettent donc de supposer que la demande d'autorisation aurait bien pu ne pas aboutir, ou du moins n'aboutir qu'à des résultats bien précaires : pauvre planche de salut aussi peu sûre et ne nous offrant guère plus de sécurité que n'en offrait autrefois ce mot fameux : « La fraternité ou la mort ! »

Voilà pourquoi notre abstention n'est peut-être pas aussi maladroite qu'elle semble en avoir l'air.

jésuite tricolore qui a imaginé l'article 7 et les décrets du 29 mars. »

CONCLUSION

Terminons ici l'exposé de nos motifs. Nous croyons avoir suffisamment prouvé, comme nous le disions en commençant, que nous ne sommes « ni des entêtés, ni des rebelles, ni même peut-être des maladroits ». Depuis trois mois que nous sommes sous le coup des décrets, nous n'avons rien dit, nous n'avons fait aucune provocation, nous avons gardé le silence et attendu ; au moment où la crise va se dénouer, nous avons voulu dire loyalement notre pensée et expliquer notre attitude.

Qu'allons-nous faire maintenant ? Attendre encore et nous taire. Attendre, faut-il le dire, au risque de passer pour naïfs, avec une certaine espérance qui ne rendra les armes que devant l'exécution des décrets. Nous voulons avoir jusqu'au bout confiance dans la toute-puissance de l'opinion publique, dans la justice et la bonne volonté du Gouvernement.

Personne ne nous fera croire que le Gouvernement a eu l'intention de créer la crise que nous traversons et de se faire persécuteur à outrance des congrégations religieuses de tout un pays aussi catholique que le nôtre ; et, puisqu'il n'a pas cette intention, il ne tient qu'à lui de s'arrêter sur la pente où il se trouve jeté.

Comment cela ? En abdiquant et en se donnant un démenti ?

Non, mais tout simplement en usant de modération,

en consentant spontanément à surseoir à l'application
des décrets, en disant aux Chambres : « Nous n'avons
pas voulu ce qui est arrivé, — nous ne l'avions pas
prévu, — nous ne pouvons assumer la lourde respon-
sabilité des graves conséquences auxquelles nous
serions entraînés. Notre dignité ne nous permet pas
de rapporter les décrets, notre sagesse nous fait un
devoir de justice et de haute politique d'apporter un
remède à la situation. Les congrégations religieuses
ont cru devoir s'abstenir de toute démarche compro-
mettante pour chacune en particulier, mais il y a un
pouvoir religieux suprême de qui elles relèvent; nous
allons nous adresser à ce pouvoir, qui est représenté
par un homme dont l'esprit de conciliation s'est
affirmé en maintes circonstances, et, de concert avec
lui, nous organiserons une sorte de concordat, un
modus vivendi légal des congrégations religieuses qui
conciliera les droits légitimes de l'Etat et la libre autonomie de ces mêmes congrégations. »

Ou bien encore :

« Les religieux sont à nos yeux de simples citoyens,
pas plus, — mais pas moins, — nous n'avons pas à
nous occuper de leurs vœux, comme sous l'ancien
régime ; nos lois ne reconnaissent plus à ces vœux
l'effet civil qu'elles leur attribuaient autrefois, elles
ne leur accordent plus aucune sanction : une congrégation religieuse n'est donc pour nous qu'une association ordinaire de citoyens. Hé bien, soyons lo-
giques, et puisque nous avons à faire une loi sur les
associations, faisons-la vite, et faisons-la aussi libérale que nos principes l'exigent, et que le bien public
le permet. Les religieux y prendront, comme tout le
monde, leur part de droits et de libertés, leurs associations seront sur le même pied légal que tous les
autres, et personne n'aura rien à dire. Jusque-là laissons subsister les choses en leur état actuel ; ce sera
pour tous la vraie, la meilleure politique. »

Autrement, c'est la violation de la liberté individuelle, de la conscience, du domicile, de la propriété, c'est la dispersion ; ce sont les intérêts de milliers d'individus, de familles, d'enfants, subitement boule-versés ; c'est nombre d'établissements de haute utilité publique, de charité, de bienfaisance, fermés à tous ceux qui venaient y chercher consolation ou secours ; c'est, en un mot. la persécution avec tout ce qu'elle a de lamentable pour un pays, d'odieux pour les per-sécuteurs, et glorieux malgré tout pour les persécutés.

Eh quoi ! l'on ferait cela juste à l'heure où la sévère justice remet son épée dans le fourreau, où l'amnistie s'étend aux auteurs des ruines lugubres qui ne sont pas encore réparées ! A cette heure où le crime est absous, la liberté religieuse ne trouverait aucune miséricorde ! les religieux bannis de leurs maisons rencontreraient sur le seuil ceux qui reviennent de Nouméa !...

Non, cela n'est pas possible, autrement il faudrait se voiler la face et s'écrier avec désespoir : « *Finis Galliæ !* » Et nous, nous voulons espérer et croire, avec le P. Lacordaire, à l'avenir et à l'éternelle « vocation de la nation française. »

Fr. J.-D. MERCIER,

des Fr.-Pr.

(*Année Dominicaine,* juin 1880.)

CE QUE NOUS SOMMES

Les Ordres religieux ne peuvent songer à se faire *reconnaître* : tout le leur interdit. Mais ils tiennent à se faire *connaître* tels qu'ils sont, parce qu'ils n'ont rien à craindre de la pleine lumière où ils se mettent volontairement devant leurs amis et leurs ennemis.

C'est dans cette pensée que chacun d'eux offre au public comme un résumé de sa constitution propre, de son histoire et de ses aspirations. Ces notices accompagnent des mémoires plus étendus qui achèveront d'éclairer l'opinion, et, s'ils n'obtiennent pas de meilleurs succès, serviront au moins à prouver que les Congrégations religieuses avaient bien mérité de l'Eglise et de la France avant de succomber sous les coups d'une haine aussi peu patriotique qu'elle est peu libérale.

L'Ordre de Saint-Dominique fait le sujet de la présente étude. Le *mémoire pour le rétablissement des Frères-Prêcheurs* a été résumé dans la première partie. La seconde est forcément nouvelle : il lui manque la plume du P. Lacordaire, mais elle pourrait se borner

à rappeler son nom pour justifier, devant toute âme
catholique et française, la présence des Dominicains
sur un sol qui garde la tombe de leur second fondateur.

Telle qu'elle est, cette notice se recommande avec
confiance au lecteur. Il reste en ce siècle et en ce pays
trop de bon sens et de générosité pour que la cause
du droit et de la justice n'y soit pas assurée de succès
à l'heure que Dieu se charge d'indiquer : et cette
heure, quoi qu'il en semble, ne saurait tarder à sonner.

I. — De la constitution des Dominicains

L'Ordre des Frères-Prêcheurs, comme l'indique son nom, est essentiellement voué à la prédication par la volonté de son fondateur et par la mission qu'il a reçue des Souverains Pontifes. Il a pris naissance au treizième siècle, dans le midi de la France, au milieu des agitations religieuses et politiques dont l'Europe était alors le théâtre et qui faillirent entraîner la ruine de la civilisation dans une grande partie de l'Occident. C'est à l'ensemble des circonstances dont fut entouré son berceau que l'Ordre des Prêcheurs dut son caractère propre et sa place dans l'histoire de la société chrétienne.

Inauguré en France, il a toujours gardé en son esprit et ses allures quelque chose du tempérament français. Né au milieu de la lutte, il a toujours été militant, dans le sens le plus généreux et le plus élevé du mot. Opposé à une erreur religieuse et sociale en même temps, il a toujours uni, dans son apostolat, les vérités de la foi à celles qui sont le fondement de toute vie nationale. Appelé par la pensée première de son fondateur à renouveler dans les âmes le respect du passé et le désir du progrès, il a toujours tenu l'une de ses mains appuyée sur les traditions des ancêtres et l'autre tendue vers les œuvres de l'avenir. C'est pourquoi il n'a jamais été difficile de lui reprocher en même temps d'être scolastique et rationaliste, conservateur et novateur, autoritaire et libéral; reproches dont il pourrait se faire des mérites en montrant les services que sa nature et sa constitution lui ont permis de rendre à l'Eglise et à la société.

Son fondateur, saint Dominique de Guzman, l'un des hommes les moins connus et par suite les plus méconnus de l'histoire, lui donna une organisation dont la copie incomplète ou malhabile se retrouve dans toutes les constitutions sociales ébauchées par 'esprit moderne.

L'Ordre est divisé en provinces, qui se composent d'un certain nombre de couvents, trois au moins, pouvant vivre de leurs propres ressources. Il est gouverné par un Maître-Général dans son ensemble : les provinces sont gouvernées par les Prieurs provinciaux, et les couvents par des Prieurs conventuels. Chacun de ces pouvoirs a son action propre, précisée et sauvegardée par les Constitutions de l'Ordre.

L'autorité y naît du suffrage à plusieurs degrés : les Prieurs étant élus par les religieux de chaque couvent qui réunissent certaines conditions d'âge et de services, — les Provinciaux, par les Prieurs assistés des délégués de chaque couvent, — les Maîtres-Généraux par les Provinciaux assistés des délégués de chaque province.

Confirmée en haut par le Souverain Pontife, et, en descendant l'échelle hiérarchique, par chaque représentant du pouvoir supérieur, l'autorité s'exerce conformément à la constitution, est obéie dès qu'elle ordonne, mais souffre appel à un contrôle ultérieur, que, du reste, elle rencontre toujours à l'expiration de sa durée limitée suivant la nature de sa mission.

Les Prieurs restent trois années en charge, les provinciaux quatre années, les généraux douze années. Jadis les maîtres-généraux étaient élus à vie.

Un conseil dans chaque couvent, — des chapitres provinciaux et généraux, pour les provinces et pour l'Ordre tout entier, contrôlent et jugent, à des intervalles déterminés, la gestion des supérieurs.

Chaque religieux jouit, conformément à sa règle,

d'une parfaite autonomie, qui n'est point entravée par une formation ou une direction uniforme et absolue, comme cela peut être objecté avec plus ou moins de fondement à d'autres ordres religieux. Pourvu qu'i observe les commandements de Dieu et de l'Eglise, les convenances de son sacerdoce, et les règlements de sa vie religieuse, il n'a plus à compter qu'avec les inspirations de la prudence qui détermine l'à-propos, la mesure et la durée de son action. Il garde en tout sa physionomie personnelle, ét rien ne ressemble moins à un dominicain qu'un autre dominicain, au point de vue de la personnalité dans la pensée, le langage et l'allure.

Préparé, dans les noviciats, par de fortes études philosophiques, complétant celle qu'il a dû faire des lettres et des sciences avant d'entrer dans l'Ordre, il lui est libre de terminer sa formation personnelle par des recherches de son choix, au gré de ses goûts naturels et des inspirations que suggèrent les temps et les milieux.

Il est facile, d'après ce qui précède, de comprendre le rapide développement de l'Ordre, en un siècle si plein de vie intellectuelle, sa fécondité précoce en grands hommes comme en grandes œuvres, et sa vigoureuse conservation à travers les âges jusqu'à nos jours. Nommer Hugues de Saint-Cher, saint Raymond de Pennafort, Vincent de Beauvais, le B. Albert-le-Grand, et le plus grand de tous, saint Thomas d'Aquin, c'est écrire en quelques mots toute l'histoire de l'exégèse, du droit, de la science, de la philosophie et de la théologie pendant le moyen âge. Rappeler l'apostolat de saint Hyacinthe et de saint Vincent Ferrier, c'est dire comment la foi, la morale chrétienne et la civilisation furent sauvegardées dans l'Europe occidentale ou portées jusqu'aux frontières de l'Asie dès les origines de l'Ordre. Mais la sève était trop riche pour s'épuiser de sitôt, quelque vigoureuse que fût la poussée ; la Renaissance, en introduisant dans l'histoire Savonarole, Cajetan, fra Bartholomeo, Sébastien del Piombo, ne fait point oublier fra Angelico, le peintre de Fiesole, fra Ristori, l'architecte de Santa-Maria-Novella, la Sposa florentine, fra Benedetto, le miniaturiste, et moins encore cette Catherine de Sienne, qui conseilla notre Charles V, le sage, réprima les passions de Jeanne de Naples et rendit la paix à l'Eglise en ramenant Grégoire IX dans son palais du Vatican.

Plus près des temps-modernes, nous saluons le souvenir de saint Louis Bertrand, l'apôtre de l'Amérique méridionale, de Barthélemy Las Casas, le protecteur des Indiens, de sainte Rose de Lima, l'une des plus douces figures que la piété populaire aime à contempler. L'âge moderne ne refusera pas un hommage à Bzovius, Noël Alexandre, Quétif et Echard, ces bénédictins en robe blanche, qui ont rendu de si grands services à l'histoire de leur ordre et de l'Eglise.

Il serait difficile de compter les cardinaux et les évêques choisis parmi les Frères-Prêcheurs ; il suffira de dire qu'ils ont vu quatre des leurs assis sur la chaire de Saint-Pierre : Innocent V, Benoît XI, Pie V, et Benoît XIII. Tout le monde sait le nom du troisième, mis par l'Eglise au nombre des saints, et célèbre dans l'histoire pour avoir préparé cette victoire de Lépante qui brisa pour jamais l'élan de la puissance musulmane.

La France, qui doit à l'Ordre de Saint-Dominique quelques-unes de ses plus pures gloires, lui doit aussi l'une de ses plus belles provinces. C'est en quittant le monde pour revêtir l'habit des Frères-Prêcheurs que le dernier des dauphins viennois donna le Dauphiné à Philippe VI, et c'est bien le moins, comme disait le P. Lacordaire, que les Dominicains « puissent demander en échange quelques pieds de terre française pour y vivre en paix. »

Les rois de France, depuis saint Louis jusqu'à Henri IV, montrèrent aux Frères-Prêcheurs une amitié qui ne resta pas sans profit pour le bien public. Saint Thomas d'Aquin, l'ami du saint roi, les avait introduits dans les conseils royaux et dans les chaires de l'Université : dans l'une et l'autre carrière, ils rendirent des services dont l'histoire a gardé le souvenir, quoiqu'ils aient été mis dans l'ombre par ceux dont la prédication a été le principe. Ambassadeurs autant que missionnaires, ils portèrent le nom français jusqu'au fond de l'Asie centrale : docteurs, ils le rendirent illustre au sein des universités étrangères, ou attirèrent à celle de Paris la plupart de ses recommandables disciples.

La Révolution française les trouva dépouillés de la plupart de leurs anciens priviléges, mais faisant de vigoureux efforts pour réagir contre l'esprit qui entraînait le monde et envahissait l'Eglise, et dont eux-mêmes avaient senti l'influence. Le grand noviciat de Saint-Thomas d'Aquin assurait la rénovation de l'Ordre, quand la vieille organisation sociale s'effondra, écrasant sous ses ruines tout ce qui s'était abrité à son ombre. Par une cruelle ironie du sort, le foyer le plus ardent de la Révolution fut allumée sous les voûtes d'un couvent de Frères-Prêcheurs, et le nom des Jacobins, qui avait désigné jadis les apôtres de la civilisation chrétienne, servit à dénommer les plus ardents propagateurs de la nouvelle barbarie. Mais s'il fut permis à ceux-ci de profaner le nom, il leur fut impossible de réclamer pour alliés ceux qui l'avaient porté, et dans le martyr ou l'exil, les fils de saint Dominique se montrèrent fidèles à cette vérité dont le nom sert de devise à leur Ordre.

II. — De la restauration des Dominicains en France

Après cinquante ans d'exil, l'habit dominicain reparaît en France, sur les épaules d'un homme qui a du dire de lui-même : « ami passionné de ce siècle, né au plus profond de ses eutrailles..., nous en avons tout aimé. »

C'était bien l'entreprise la plus hardie, mais aussi la plus digne de l'esprit français, de restaurer parmi nous l'ordre religieux qui avait porté le poids de plus d'accusations passionnées et gardé le plus de sève française. Le père Lacordaire ne doutait pas du succès, parce qu'il savait combien la loyauté naturelle à notre caractère national est prompte à répudier les préjugés qui ne se justifient point et à reconnaître, même par avance, les services que peut rendre un homme ou une institution. L'événemsnt répondit à son attente, grâce à cette juste et confiante appréciation de l'opinion publique, grâce aussi, personne ne le peut contester, au prestige du restaurateur lui-même de l'ordre dominicain.

La chaire de Notre-Dame ouvrit toutes les grandes chaires de France aux disciples de Lacordaire : leur habit fut bientôt familier aux regards et sympathique, à l'égal de leur parole, d'une extrémtté du pays à l'autre. Ils trouvèrent dans la charité publique et par leur travail les moyens de fonder en quelques années plusieurs couvents, qui ne tardèrent pas à se grouper en province sous le gouvernement du premier restaurateur. Nancy, Paris, Toulouse, Dijon, Lyon, avaient assuré la fondation de leurs maisons, quand le père Lacordaire mourut à Sorèze, en 1861. Les noviciats de Flavigny et de Saint-Maximin étaient déjà florissants et assuraient l'avenir de l'Œuvre.

La mort de l'illustre fondateur ne ralentit pas l'élan donné par lui : Bordeaux, Marseille, Lille, Le Havre, Poitiers, reçurent des colonies des Frères-Prêcheurs, et, comme la multiplication des maisons conventuelles appelait celle des circonscriptions provinciales, la France fut divisée en trois provinces, avec des noviciats nouveaux à Mazères, Carpentras et Amiens. Les vocations suivirent la même progression, et l'Ordre compta bientôt en notre pays près de 350 religieux profès, avec une moyenne de 100 novices dans les maisons de première épreuve et d'études théologiques.

La faveur publique n'a pas fait fausse route en s'attachant aux pas des nouveaux arrivants. Convaincus d'avoir payé noblement leur dette au pays et à l'Eglise, ils mettent sous les yeux de leurs amis comme de leurs ennemis le tableau de leurs efforts, sans rien craindre d'une minutieuse enquête pourvu qu'elle soit légalement conduite.

Ce n'est pas à la France de nos jours qu'il serait permis de rappeler le nom de Lacordaire comme un nom capable d'oubli. Il faudrait alors lui reprocher d'avoir oulié tout ce qu'elle aime, la force de l'esprit, l'éclat de l'éloquence, la grandeur de la vertu, le culte de l'honneur, de la liberté, de la patrie, l'amour de l'humanité et le service de la civilisation. Toutes les époques résument leurs aspirations et leurs progrès dans un petit nombre de noms illustres : la nôtre se méconnaîtrait elle-même si elle négligeait de mettre à sa couronne le nom de Lacordaire.

Nul autre nom sans doute ne peut entrer en parallèle avec celui-là, mais, pour être de moindre éclat, plusieurs encore peuvent se prononcer avec honneur.

La chaire de Notre-Dame n'a point cessé d'être le lieu
de la prédication dominicaine, et n'a point démérité
dans l'estime et l'affection publiques. A l'heure présente, elle appartient à l'une des plus limpides et des
plus fortes paroles que notre temps ait recueillies, ri-
vale des plus glorieuses, en quelque milieu qu'elles
aient pu se produire.

La plupart des grandes chaires de France et de
Belgique ont été et sont encore le patrimoine des
Frères-Prêcheurs, par suite d'une sympathie où il est
juste de voir une large mesure de reconnaissance
pour un dévouement qui n'a point failli et des services auxquels personne ne peut refuser son hommage.

A ne considérer la prédication que comme une des
formes de la vie intellectuelle, il faut reconnaître aux
prêcheurs le mérite d'avoir contribué à la rénovation
de l'éloquence sacrée. Leur école a des caractères
trop personnels pour n'être pas discutée : mais, telle
qu'elle est, avec ses allures spéciales où se reconnaît
la sève de l'esprit français moderne uni au vieil esprit
de l'école thomiste, elle tient une place honorable
dans le mouvement de la pensée et de la langue
françaises à notre époque. L'empressement de la
foule, non pas de la foule qu'amasse toute réclame
tapageuse, mais de celle où se comptent en grande
partie les délicats ou les lettrés, autour des chaires
occupées par les fils de saint Dominique, prouve assez
quel jugement convient à leur parole. Elle a subi l'é-
preuve difficile de l'impression, et a rencontré, au
sortir de cette épreuve, la même faveur qui l'y avait
engagée.

Les lettres et les arts n'ont pas cessé d'appartenir à
la tradition dominicaine comme un élément de vie
intellectuelle, aussi digne d'attention que fécond en
résultats. Parmi les premiers compagnons du P. Lacordaire, les contemporains ont estimé à l'égal des
meilleurs Hernscheim, le brillant élève de l'Ecole nor-
male, Piel, l'architecte de Saint-Nicolas de Nantes, et

Besson, le peintre de Saint-Sixte-le-Vieux. Des livres que les nouveaux Dominicains ont écrit depuis trente ans, on ferait une bibliothèque où ne manqueraient ni les recherches historiques, ni les subtilités de la métaphysique, ni les enseignements de la mystique, ni même les preuves d'un souffle poétique venu de ces jardins de Saint-Marc, où Savonarole professait, sous les rosiers de Damas, entre Pic de la Mirandole et Fra Bartolomeo.

La pédagogie ne leur doit pas moins, et, si le nom du P. Lacordaire rappelle la pensée des grandes écoles de Sorrèze et d'Oullins, celui du P. Captier est lié au souvenir de la fondation d'Arcueil, au souvenir des études sur la réforme de l'enseignement secondaire et supérieur, — tout autant qu'au souvenir des jours néfastes où le sang des Dominicains fut versé en haine de Dieu, de la patrie et de la liberté!

Sous l'inspiration des Frères-Prêcheurs furent aussi fondés les nombreux établissements qui se chargèrent de l'éducation des filles, sous toutes les formes : pensionnats, écoles primaires, asiles, refuges. Des milliers d'enfants et de jeunes personnes de toute condition reçoivent dans ces maisons une instruction qui ne le cède en rien à celle des établissements les plus vantés, et une éducation dont la simplicité et la gravité méritent les plus sérieux éloges.

Obéissant aussi à l'instinct apostolique qui est le mobile de leur vie, les Dominicains n'ont pas seulement porté en passant la parole à Saint-Pétersbourg, à Vienne, à Londres, à New York, à la Nouvelle-Orléans, ils ont repris ou fondé en Asie et en Amérique des missions florissantes aujourd'hui entre leurs mains. Dans l'Asie Mineure, aux confins de la Perse, sur la route des Indes, ils ont établi à Mossoul un centre de vie catholique et française, installé des sœurs, des écoles, des hôpitaux, fondé une imprimerie qui est vraiment la garantie de la vie intellectuelle en ces pays, préparé et assuré le prestige des agents consulaires français, et ouvert les voies à tout progrès qui rattachera ce berceau de la civilisation primitive à tous les foyers de la civilisation moderne.

Dans les Antilles anglaises, ils se sont assuré la reconnaissance des populations et la haute bienveillance du gouvernement, par l'infatigable dévouement dont ils font preuve, aidés dans leur apostolat par les Dominicaines françaises qu'ils ont appelées à leur secours, comme ceux de la Mésopotamie sont aidés par les sœurs de la Présentation. A la Trinité, et à Mossoul, ils ont donné des évêques français aux chrétientés confiées à leurs soins, et, pour ne citer qu'un nom, celui de Mgr Amanton vivra longtemps dans les souvenirs du ministère des affaires étrangères et de l'ambassade de Constantinople.

Telle est en raccourci l'histoire de la restauration dominicaine en France. Mêlés à tous les intérêts privés et publics de leur temps, les Frères-Prêcheurs n'ont à regretter d'avoir blessé personne ni desservi aucune cause utile, pas plus que d'avoir recherché leur élévation personnelle. On leur a quelquefois reproché d'être trop de leur temps, d'avoir, en ce siècle d'ardeur et d'élan, trop de ressemblance avec ce qui les entoure : mais n'est-ce pas leur reprocher d'être en trop intime communication de pensée, de parole et d'action avec ce qui passionne et entraîne aujourd'hui tous ceux qui croient en l'avenir de l'Eglise et de la France ? S'ils se sont trompés, ils n'ont pas trop à en rougir : l'excès de leur jeunesse trouvera vite son tempérament dans l'expérience venue aux sociétés comme aux individus, et, restant au pas du véritable progrès, ils pourront se vanter d'en avoir été jadis les pionniers et les avant-coureurs, même, si l'on veut, les enfants perdus.

C'est pourquoi ils se persuaderaient bien difficilement qu'ils sont de trop dans la société moderne. Accusés devant l'opinion, ils en appellent à cette opinion même, en lui montrant ce qu'ils ont déjà produit pour le bien des âmes et le service de la patrie, ce qu'ils sont prêts à faire encore, toujours, et quoi qu'il arrive, suivant leur traditionnelle devise : Pour Dieu, pour la France, et pour la liberté !

Fr. M.-J. OLLIVIER,

des Fr.-Pr.

(*Année Dominicaine*, juin 1880.)

Paris. — Typ. Balitout, Questroy et Cᵉ, 7, rue Baillif.

www.ingramcontent.com/pod-product-compliance
Lightning Source LLC
Chambersburg PA
CBHW060745280326
41934CB00010B/2366